COMBAT

DE

Nogent-sur-Seine

COMBAT

DE

NOGENT-SUR-SEINE;

épisode historique

DE LA GUERRE DE 1814.

PAR

J.-M. LEMAITRE, ANCIEN ADJUDANT-MAJOR,

L'un des officiers chargés de l'armement de la ville du Havre en 1815;

NOGENT,

LIBRAIRIE DES PETITES-AFFICHES,

13, Rue de l'Hôtel-Dieu.

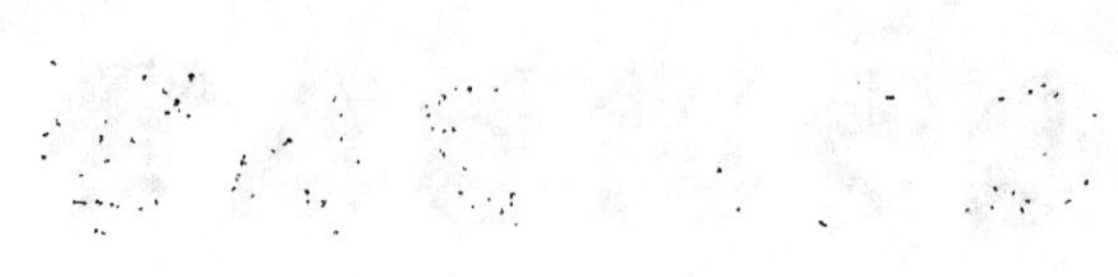

COMBAT

DE

NOGENT-SUR-SEINE.

Episode de la guerre de 1814.

Plusieurs auteurs ont traité l'histoire des deux invasions étrangères en France, en 1814 et 1815, selon leurs opinions et les connaissances plus ou moins exactes qu'ils avaient des événemens et des localités.

M. Pougiat, de Troyes, a publié en **1833** une Histoire de l'*Invasion des armées étrangères dans le département de l'Aube*. *

Je me plais à le proclamer tout d'abord , cet ouvrage est à la fois l'œuvre d'un bon citoyen et d'un homme de talent ; mais il a été mal renseigné sur quelques-uns des faits principaux des jours néfastes dont le souvenir ne s'effacera jamais du cœur des patriotes Nogentais.

Si **M.** Pougiat publiait une seconde édition de son ouvrage , je m'estimerais heureux de lui avoir fourni l'occasion d'y insérer quelques pages indispensables à l'inflexible véracité de l'histoire.

Depuis plus de vingt ans que j'habite Nogent-sur-Seine, on m'a si souvent raconté l'histoire des malheurs du pays , et je me suis tellement identifié avec les évènemens et les personnages de cette triste époque , que j'en puis parler pour ainsi dire comme témoin oculaire. D'ailleurs, j'ai pu éclaicir les renseignemens douteux sur les journaux du temps, et consulter les divers ouvrages qui ont trait à cette période de nos calamités : le récit de **M.** Pougiat est celui où j'ai puisé le plus de lumières.

Je vais donc essayer de retracer succinctement les phases guerrières et désastreuses , mais non sans

1 fort vol. in-8°, chez l'auteur, à Troyes, rue du Brochet.

gloire pour notre petite cité, de la présence de l'ennemi dans cet arrondissement, et surtout dans cette ville, où il commit tous les genres d'excès, ceux même que la victoire n'autorise jamais parmi les nations les plus sauvages.

Avant de montrer l'ennemi à nos portes, j'ai besoin de le reconnaître plus loin, et de dire en peu de mots la cause de la rapidité de sa marche sur le sol Français.

Le maréchal Marmont, de traîtreuse mémoire, avait ouvert les flancs de la France aux puissances coalisées, en dégarnissant le Rhin de ses forces défensives. L'ennemi fut bientôt au cœur de la patrie : Brienne, berceau de l'homme illustre que l'univers admire et que la France regrettera long-temps, venait de subir les derniers outrages d'une soldatesque effrénée, outrages commandés, peut-être en haine du Grand-Homme, par ceux-là même qu'il avait si souvent épargnés lorsqu'il commandait à l'Europe !

Après plusieurs combats acharnés où nos troupes déployèrent la plus grande valeur, les alliés, quadruples en nombre, secondés par la plus lâche trahison, poussèrent leurs hordes devant Troyes, que Napoléon eut la générosité de faire évacuer par ses troupes, ne voulant pas exposer cette grande ville aux horreurs d'un saccage épouvantable.

Cherchant à attirer l'ennemi en rase campagne, pour lui livrer une bataille décisive, l'Empereur ordonna à ses troupes de se diriger vers les pleines de Montmirail, et il se porta de sa personne sur la route de Nogent, voulant se rallier au corps du machal Victor.

C'était le 7 février, une neige glaciale fouettait au visage de nos troupes sur la route de Nogent; il était dix heures du matin, la colonne fit halte vis-à-vis Méry, qui devait être bientôt réduit en cendres !.... Napoléon mit pied à terre, et il fut facile d'apercevoir combien son cœur était navré de voir ses enfans, comme il les appelait, réduits à dévorer debout, presqu'en marchant, un morceau de pain noir, qu'humectait seulement les flocons de neige qui tombaient en abondance; mais cette gaîte qui caractérise notre nation vint adoucir pour un moment l'amertume des chagrins de cette grande âme, par les chants patriotiques qui se firent entendre de toutes parts.

Deux courriers venaient d'arriver auprès de l'Empereur qui, dans ce moment était en conférence avec le prince Berthier et d'autres généraux. La neige venait de cesser, chacun s'occupait de se débarrasser du frimas qui le couvrait, Napoléon lui-même en dégageait son chapeau, lorsqu'un général de mince apparence lui remit des dépêches venant du duc de Raguse. Celui qui remit ce message fut l'objet de regards assez significatifs de la part des officiers généraux qui entouraient l'Empereur ; qui parut lui-même peu flatté de sa présence. C'était le général Bourmont....

La colonne se mit en marche, Napoléon partit au galop visiter à droite et à gauche de la route les villages qui en sont le plus rapprochés. Arrivé à Romilly, il mit pied à terre de nouveau, expédia plusieurs courriers, attendit les troupes et dirigea plusieurs corps en sens divers.

La nuit approchait, la route était couverte de soldats. Tout-à-coup elle se trouve dégagée de tout ce qui porte l'uniforme, en quelques instans cette armée de braves est logée dans les habitations environnantes où elle prend un peu de nourriture et de repos. Son illustre chef, qu'un piquet de dragons de la garde et une voiture attendent à Faverolles, s'élance dedans avec quelques généraux, et vient coucher à Pont, chez M. le marquis de Ferreux.

Le lendemain, à quatre heures du matin, Napoléon, informé que l'ennemi manœuvrait à la fois sur Sens, Nogent, la Ferté et Meaux, pour fondre par ces quatre points principaux sur Paris, vint en toute hâte à Nogent, s'installa dans la maison occupée aujourd'hui par M. Michaut, notaire; tint un conseil, où il fut décidé que l'armée qu'il venait de quitter prendrait position de suite sur les hauteurs qui environnent Nogent , dans la direction de Troyes , sous le commandement en chef du maréchal duc de Bellune. Il fut encore arrêté dans ce conseil que, dans la prévision où on ne pourrait repousser l'ennemi, 1,200 hommes, commandés par un chef intrépide, le tiendraient en échec, pendant 48 heures , pour donner le temps aux troupes françaises de se retirer sur Provins , que suivraient immédiatement les 1,200 combattans, après avoir fait sauter le Pont.

On prétend que cette mesure fut longuement et chaudement discutée , surtout lorsqu'il s'agit de nommer le commandant de cette trop faible défense , quant au nombre. Le général Bourmont , que le duc de Raguse , avait dépêché à l'Empereur avec une recommandation des plus flatteuses , fut désigné contre les représentations énergiques du général Gérard.

Napoléon visita la ville dans le plus grand détail, ordonna la démolition de plusieurs maisons et signa sur le champ une large indemnité aux propriétaires et aux locataires. Des bâtimens furent crénelés et des barricades élevées : tout annonçait une résistance opiniâtre. Les vieillards , les femmes et les enfans fuyaient , en emportant avec eux des vivres et le plus précieux de leur avoir. D'autres cachaient leur fortune dans les entrailles de la terre. Des milliers de piétons, de chevaux et de voitures traversaient la ville en tous sens et inondaient les deux routes de Paris : c'étaient les populations qui, depuis Troyes, se dérobaient à la fureur barbare des bandes du nord, en abandonnant aux flammes leurs habitations dévastées.

L'empereur tint encore un conseil dans la nuit : à deux heures du matin il reçut un courrier du duc de Vicence, qui lui annonçait qu'il n'y avait rien à espérer du congrès de Châtillon. Plusieurs citoyens furent introduits auprès du monarque, notamment M. Rivière, de Pont; tous l'informèrent que l'ennemi, très-nombreux, envahissait la pleine de tous côtés, que ses avant-postes n'étaient pas à plus de deux lieues. En effet, ils avaient déjà eu quelques escarmouches avec notre arrière-garde.

A cinq heures, Napoléon partit en hâte pour arrêter un corps nombreux, qui avait passé la Seine, et se dirigeait sur Sézanne. A peine l'aube du jour venait-elle de paraître, que le 3e de ligne, qui venait de prendre position entre St.-Aubin et le château de la Chapelle, est attaqué par dix mille ennemis, cavalerie et infanterie, sous les ordres du prince de Wurtemberg. Le choc fut terrible, nos jeunes conscrits firent des prodiges de valeur; mais il fallut céder au nombre, et ils se retirèrent en bon ordre sur le château de la Chapelle où déjà plusieurs centaines de cosaques étaient en train de piller; ils furent bientôt chassés par une compagnie de voltigeurs, qui leur prit vingt chevaux, et poussa si vivement l'attaque , qu'une cinquantaine de ces barbares se noyèrent dans l'étang, chargés du butin qu'ils emportaient.

Nos troupes, bien inférieures en nombre, avaient été attaquées sur toute la ligne , qui s'étendait depuis Marnay jusqu'au chemin de Tremblay. La résistance fut vigoureuse : l'ennemi cherchait à traverser nos colonnes par ses charges nombreuses et réitérées de cavalerie : un mur de bayonnettes ne lui permit jamais d'entamer nos rangs. S'il perdait du monde , il lui arrivait des renforts de tous côtés, tandis que la faible armée française n'avait que ces terribles mots pour suppléer aux braves qui tombaient sous les coups d'un ennemi déjà si nombreux : *serrez vos rangs ! serrez vos rangs!!!*

La terre est jonchée de cadavres , le château de Pont , que la mère de l'Empereur a quitté depuis quelques jours , est la proie des flammes : un horrible vandalisme se rue sur la demeure d'une femme qui a le tort d'avoir donné le jour à un héros.

Le château de la Chapelle est disputé avec un acharnement sans pareil : dix mille étrangers l'emportent enfin sur moins de trois mille français , qui y éteignent vingt fois le feu avant que d'en sortir. Mais à peine en sont-ils éloignés de quelques toises, que la bande de pillards qui précède les souverains du nord y exerce tous les genres de dévastation, et le livre aux flammes ensuite.

Il y a dix heures consécutives que la terre gémit sous les efforts des combattans : lorsque le bronze ne fait pas trembler le sol, ce sont les cris des blessés qui se mêlent au cliquetis des armes et au commandement des chefs. La nuit mettra-t-elle un terme à cet égorgement! Etendra-t-elle ses ombres tutélaires pour que nos frères gisant dans le sang soient secourus ou ensevelis sous la neige! Jetera-t-elle bientôt son voile de deuil entre le ciel et la terre pour que le combat cesse faute de clarté, et que les nôtres puissent prendre quelques forces pour recommencer demain ce sacrifice de dévouement à la patrie!...

Oui : avec le jour la lutte a cessé. Si nous avons des braves à regretter, aucun du moins n'est tombé vivant au pouvoir de l'ennemi. Nos lignes se sont rapprochées de Nogent, les baskirs occupent Bernières où ils ont essayé de mettre le feu dans quatre endroits à la fois ; n'ayant pu réussir, ils commettent toute sorte de dégradation et logent leurs chevaux dans le salon.

La nuit a donc étendu ses ailes sur l'horison,

l'armée française en profite pour exécuter les ordres de l'Empereur, en traversant Nogent sans s'y
arrêter, en prenant position de suite de l'autre côté
de la Seine ; laissant douze cents jeunes soldats,
presque tous de la dernière levée, sous le commandement du général Bourmont, pour défendre la
ville. Nous verrons bientôt si la conduite héroïque
de ces jeunes conscrits fut stimulée par l'exemple
de leur chef...

Le lendemain, au jour naissant, l'ennemi, qui
s'est encore grossi du corps du général Barclay,
s'est rapproché de nous ; il établit des batteries à
Villers-aux-Choux, à la Croix-St.-Roch et sur le
chemin de Tremblay ; il suppose sans doute qu'un
matériel considérable d'artillerie va lui riposter de
Nogent : ses boulets se croisent en tous sens sur
la petite ville, dont les toîts, les cheminées et les
volets sont lancés en éclats par ses projectiles.

La destruction ne va point assez vîte à son gré,
il a recours aux fusées à la Congrève, et plusieurs
maisons du faubourg de Troyes sont en feu ; mais
une batterie française, habilement dirigée, a bientôt réduit au silence son fourneau incendiaire.

C'est ici que le caractère des chefs ennemis va se
montrer dans toute sa hideur ; mais n'anticipons
pas sur les évènemens, et rappelons un fait grave,
avancé par le *Journal de Paris*, qui affirme que

M. de Bourmont, blessé très-légèrement au génou, au commencement de la défense si belle , que je vais retracer , abandonna sur le champ Nogent, et se fit conduire dans un château près de Provins.

Le départ de Bourmont, qui n'inspirait pas cette haute confiance aux chefs et aux soldats , si nécessaire à l'attaque , mais encore plus à la défense , son évacuation , pour une aussi légère blessure , fut considéré sous plusieurs points de vue; le principal , c'est qu'il fut remplacé par un homme qui possédait l'estime des braves qu'il commandait , et qui avait donné des preuves non équivoques de sa valeur et des gages de fidélité à la patrie !.... C'était le colonel Voirol , aujourd'hui lieutenant-général et pair de France.

Dès que la petite armée sut qui était à sa tête , elle fut certaine de résister à l'ennemi le temps voulu par l'ordre de l'Empereur , et les habitans eux-même eurent confiance dans ce nouveau chef, qui déclara formellement qu'il n'abandonnerait la ville qu'à la 54° heure du siége , heure rigoureuse, dans laquelle il ferait sauter le pont ; ce qui précisait le temps pour cacher ou faire sortir les objets précieux et les personnes qui pouvaient se soustraire aux rapines et aux brutalités féroces des barbares du nord.

Pour justifier cette opiniâtre résistance, j'ai besoin d'en rappeler le but : il s'agissait d'arrêter le corps d'armée si considérable du prince de Schwartzemberg, seulement pendant deux ou trois jours, pour l'empêcher de faire jonction avec les corps ennemis qui manœuvraient sur Paris par la Marne et l'Yonne, afin que Napoléon pût se mettre en mesure de les attaquer lui-même à la tête des forces réunies, dont le corps du maréchal Victor faisait partie essentielle ; il était donc de la dernière importance que ce corps marcha sans s'arrêter sur Nangis, ce qu'il fit après avoir bivouaqué jusqu'à quatre heures du matin.

L'ennemi, qui croyait peut-être que l'armée s'était retranchée dans Nogent, qu'il supposait fortifié, déployait toutes ses ressources pour le réduire à la dernière extrémité. Les pièces de gros calibre foudroyaient la ville, tandis que les boulets de campagne, la mitraille et les fusées congréviennes pleuvaient sur les maisons qui en forment les abords depuis l'extrémité de la Pêcherie jusqu'aux bâtimens du faubourg de Troyes, qui avoisinent le chemin des Vignes.

Si le premier signe du commandement du colonel Voirol fut de détruire la première fournaise qui vomissait des brandons allumés, l'ennemi en eut bientôt créé d'autres plus terribles encore. Quinze habitations sont en feu. Un plus grand nombre sont percées, découvertes, ruinées par une grêle de projectiles, qui lancent des pierres et des éclats plus incommodes et plus dangereux peut-être que les boulets même.

Les 1,200 braves, habilement dirigés, ambusqués dans les jardins, masqués par des murs, des haies et des arbres, font un feu nourri sur l'ennemi, qui le frappe autant qu'il l'étonne. C'est dans ce moment que le fait suivant se passa; il est trop bien décrit par M. Pougiat, pour que je me permette d'y changer un mot; je laisse donc parler cet honorable historien :

« Un des jeunes soldats appartenant au 3ᵉ de
» ligne, âgé de dix-neuf ans, se trouvait éloigné de
» son corps et était poursuivi par plusieurs cosa-
» ques qui le pressent vivement, poussant sur lui,
» suivant leur usage, des cris forcenés : *hourra !*
» *hourra !* Le jeune militaire, loin de s'effrayer,
» conserve tout son sang-froid ; près d'être atteint,
» un fossé rempli d'eau se trouve devant lui; cet
» obstacle imprévu ne l'arrête point, il s'y précipite
» sans hésiter, le traverse en tenant son fusil élevé
» en l'air, arrive au bord opposé, sort de l'eau, va
» s'appuyer contre un arbre, à dix pas du groupe
» ennemi qui le poursuit, et là, chargeant tranquille-
» ment son arme, tire à différentes reprises, et fait
» mordre la poussière à quatre de ces brigands. Le

» bataillon auquel appartient ce jeune homme en est
» peu éloigné, apercevant son embarras, il dirige
» son feu sur ces ennemis, les contraint à la fuite,
» et le brave et intrépide soldat court reprendre son
» rang au milieu de ses camarades qui, témoins de
» son courage, de sa noble action, le félicitent et le
» couvrent de louanges. C'était pour la seconde fois
» que ce jeune conscrit se trouvait au feu. L'empe-
» reur en étant instruit, le nomma chevalier de la
» légion d'honneur, par décret du 25 février, rendu
» à Troyes.

» Le nom de ce jeune homme est Brautier; mais
» nous ignorons à quelle commune et à quel dépar-
» tement il appartient.»

La nuit vint encore suspendre cette crise déplo-
rable ; une pluie salutaire, qui vint à tomber, fit
plus pour arrêter l'incendie qui gagnait de toutes
parts, que le zèle désespéré des habitans ; dont
un certain nombre abandonnait ses foyers dévastés.

Pour prendre un peu de nourriture et de repos,
dont nos braves défenseurs ont un si grand besoin,
leur digne commandant fait circuler dans les rangs
cet ordre à voix basse : *concentrer la troupe au
faubourg de Troyes.* Cet ordre fut exécuté avec un
tel silence, que l'ennemi ne le soupçonna nulle-
ment.

Peu d'heures suffirent aux nôtres pour prendre

quelques alimens., panser leurs blessures et se livrer alternativement à quelques instans de repos.

Depuis minuit jusqu'au petit jour, un nouveau système de défense fut adopté : des barricades furent construites et échelonnées depuis le faubourg de Troyes jusqu'au Grand-Puits et dans toutes les rues adjacentes; presque toutes les maisons furent crênelées. Deux pièces de canon furent montées à bras au pavillon Tiphaine, dont les fenêtres servirent d'embrâsures; deux autres furent établies place du Calvaire, maintenant place d'Armes; et deux dernières pièces enfin à l'entrée du faubourg de Troyes : car il est bon que l'on sache que toute l'artillerie française destinée à défendre Nogent, ce jour mémorable, consistait en ces six bouches à feu, tandis que l'ennemi en comptait plus de cent de différens calibres.

Dans cette nuit de courage pour les uns et de crainte pour les autres, je l'ai fait pressentir, beaucoup de citoyens quittèrent la ville, et parmi eux, des fonctionnaires publics, que la renommée des mauvais traitemens exercés par les alliés, avaient effrayés, désertèrent leur poste; mais il s'en trouva d'autres, dont le caractère plus ferme et le patriotisme plus chaleureux, bravèrent toutes les chances d'une occupation ennemie, qui n'était pas sans danger. A leur tête, se plaça spontanément

M. Jacquemin , dont le fils aîné siége comme juge au tribunal civil de cet arrondissement.

A l'aube du jour , quelques cosaques s'approchent des jardins qui bordent le chemin de Bernières ; ne trouvant aucune résistance , ils avancent jusqu'à dix toises des murs du pavillon Typhaine ; c'est de là qu'on les observe. Le plus grand silence régne partout ; l'officier qui conduit cette espèce de reconnaissance tient attaché au bout d'une corde un pauvre paysan qu'il frappe souvent d'un fouet ; il est facile de voir que ce malheureux lui sert forcément de guide.

Peu d'instans après le départ de ces calmouks, une nuée de cavaliers et de fantassins inondent toute la plaine depuis Villiers-aux-Choux jusqu'au chemin de Mâcon : la vue n'aperçoit rien au-delà de leurs rangs tant ils sont nombreux. Ils se sont développés pendant la nuit : la progression du jour fait remarquer une immensité de charriots au centre de ces hordes du nord , qu'on évalue à plus de 50,000 combattans.

Il est sept heures, tout le monde est à son poste, le colonel Voirol se multiplie ; il quitte M. Jacquemin investi du pouvoir civil , pour lancer son cheval au galop vers le commandant Vesco , qui est à la tête des voltigeurs près l'Auditoire ; il repart ventre-à-terre au faubourg de Troyes où il dit quel-

ques mots au chef de bataillon Barbier-Dufays.
Retourné en hâte au pavillon Tiphaine, l'ordre est
donné partout de laisser approcher l'ennemi à demi-
portée, sans brûler une amorce, à moins qu'il ne
commence. Un combat terrible va éclater.

L'anxiété des habitans est difficile à décrire : un
petit nombre de citoyens dévoués offre au brave
colonel de se joindre à la troupe et lui demande des
armes pour faire une sortie. Il refuse, en leur di-
sant qu'il va mettre leur bonne volonté à profit pour
un service plus utile et moins dangereux ; car s'ils
étaient faits prisonniers ils seraient passés par les
armes, n'étant pas militaires. Et de suite, moitié de ces braves gens sont organisés en corps
d'ambulance pour porter secours à ceux de nos défenseurs, qui seront atteints par les coups de l'ennemi. L'autre moitié est occupée à ramasser et à
casser des pierres, qu'elle porte en courant aux artilleurs pour servir de mitraille. Des monceaux de
ces dragées mortelles, comme ils les nomment, sont
rangées en un clin-d'œil près des pièces de canon.

M. Tiphaine père, dont j'aurai bientôt l'occasion
de vanter la belle conduite et la généreuse audace,
obtient du colonel 10 fusils et 500 cartouches.

Dix minutes se sont écoulées depuis que 7 heures
ont sonné à l'église Saint-Laurent, dont la tour est
garnie d'observateurs. Je l'ai dit, la plaine est inon-

dée de troupes étrangères ; mais c'est du côté de Bernières que leurs lignes sont plus compactes.

Un insolent parlementaire, précédé d'un jeune trompette, se présente aux avant-postes du faubourg de Troyes; il demande à pénétrer dans la place pour parler au duc de Raguse ou au comte Bourmont. Un tambour de grenadiers qui l'entend, se mit à dire d'un ton sérieux : *ils sont tous deux avec l'Empere r là haut*, et il montre la tour Saint-Laurent. L'officier lève la tête et repart au galop.

Cinq minutes après une pluie de boulets tombait aux alentours de l'église, dans les fossés qui existaient alors; il n'en fallut pas d'avantage pour faire fuir les curieux qui étaient à la tour, qui vont se réfugier sur les voûtes de la nef; deux seulement restent, le sonneur et un enfant de chœur.

Le tems brumeux de la veille avait empêché d'apercevoir le patron de la ville, qui domine la tour, et se laisse voir radieux aux premiers rayons dorés d'un soleil naissant, qui va bientôt éclairer une conquête aussi honteuse pour un ennemi si nombreux, qu'honorable et glorieuse pour une poignée de conscrits qui tient tête à une armée aguerrie de plus de cinquante mille hommes.

Pour atteindre plus sûrement Napoléon, car ils croyaient, les brutes, que c'était lui qui se tenait perché au haut de cette tour ; ils se sont rapprochés à une distance qui ne permettait plus de garder aussi long-temps cette courageuse immobilité : l'ordre fut donné de démasquer les pièces, et aussitôt la mitraille française fut porter la mort dans les rangs ennemis. C'était une chose admirable que de voir nos jeunes artilleurs se dépouiller, au mois de février, de leur capote et de leur schako, pour faire tousser plus lestement, comme ils disent, les chantres du bivouac.

Il paraît que les lunettes d'approche ne sont pas familières à nos ignorans adversaires, ils continuent de pointer sur Saint-Laurent, qu'aucun boulet n'atteint. Cette erreur grossière dure jusqu'à dix heures. A cette heure il n'y a pas encore grand mal, tandis que notre petite artillerie, surtout celle du pavillon Tiphaine, exécute un feu roulant à mitraille, qui lui enlève des files entières : deux mille ennemis au moins sont hors de combat.

La confusion des assaillans est à son comble et redouble leur fureur, le sauvage et terrible *hourra* est vociféré par les généraux qui viennent d'apprendre que Napoléon est loin de là, et que Nogent n'a pour se défendre que le patriotisme de ses habitans et la valeur des troupes qui l'occupent, dont ils sont loin de soupçonner l'exiguité du nombre. Les colonnes russes-prusso-autrichiennes s'avancent de toutes parts, la première est à dix pas des voltigeurs em-

busqués derrière des barricades près l'Auditoire.
Feu ! crie une voix formidable, et une ondulation
semblable au champ de blé que la tempête couche
par terre, abbat ce mur mobile et armé qui croyait
escalader d'une enjambée notre faible rempart : c'est
la mitraille ! ce sont les feux de peloton de nos petits
collets jaunes qui ont arrêté son ardeur. Dix minutes
après 4,000 bavarois touchent à la barricade. Les
voltigeurs sont 130 !

Laissons-les se replier avec ordre dans l'auberge
des Trois-Couronnes, et s'établir derrière la barricade formée au carrefour des rues de l'Etape-au-
Vin, de l'Hôtel-Dieu et St.-Epoing.

Courons avec le brave capitaine Menjaud, du
5ᵉ de ligne qui, avec cinquante hommes vient dé-
livrer le commandant Dufays et ses deux cents intrépides grenadiers, que venait d'entourer une
nuée de calmouks à l'entrée du faubourg de Troyes.

Il était temps ! une horrible mêlée laissait peu
d'espoir aux nôtres de sortir de cet impasse bardé
de fer de tous côtés, lorsqu'un brave domestique
de l'hôtel des Trois-Rois, armé d'une fourche,
aide le capitaine Menjaud à faire une trouée sur les
barbares, qui sont pris à revers et forcés de faire
face aux nouveaux venus. Cette tactique réussit à
merveille : les grenadiers de Dufays fondent à la
bayonnette sur leurs ennemis qui sont poussés à

outrance par le secours venu si à propos ; de sorte
que les russes sont acculés dans une grande cour et
isolés du gros de leur armée ; ils se débandent,
fuient et cherchent à se cacher dans les bâtimens ;
ils sont bien plus nombreux que ceux qui les pour-
suivent, mais leur panique est si grande, que plusieurs jettent leurs armes et se précipitent dans
une vieille cave abandonnée. Cette action se passe
à vingt pas d'une colonne d'attaque de plusieurs
mille hommes, qui est aux prises avec un demi-
bataillon de conscrits, dont la plupart n'ont reçu
que la capote et le bonnet de police à la Marie-
Louise, et que commande l'intrépide capitaine
Fabre, qu'un coup de feu au bras gauche n'a pu
mettre hors de combat. Ils se replient en bon ordre
derrière la barricade du Poncelot, et là, aidés de
quelques habitans, ils encombrent la rue d'embarras, après avoir toutefois lancé sur l'ennemi
un feu de peloton des mieux nourris; puis par les di-
verses rues du Champ Callot, ils viennent débou-
cher sur les Fossés où ils arrivent fort à propos pour
dégager une pièce de canon qu'entourent déjà une
nuée de cosaques.

Admirons un moment ces braves refouler cette
canaille de l'armée coalisée jusqu'à la place du Calvaire, que les nôtres ont abandonnée pour protéger
la retraite des voltigeurs Yesco, qui soutiennent un

feu meurtrier dans la ruelle de l'Auditoire, de l'auberge Fort-Gautrin et dans les cours et maisons adjacentes, car il s'agit de tenir assez de temps pour faire évacuer le pavillon Tiphaine, qui a causé tant de pertes à l'ennemi, que dans sa rage impuissante il cherche à entourer de tous côtés, afin d'exterminer tout ce qu'il renferme.

L'empire de la nécessité rend ingénieux et fort, en moins d'un quart-d'heure peu d'hommes ont suffi pour enlever *le parc d'artillerie* (ainsi le nommait le duc de **Wurtemberg**) pour l'installer ailleurs.

M. **Delaunay**, maire de la ville, qui s'était absenté pendant vingt-quatre heures, pour mettre à l'abri de toute insulte, sa jeune et intéressante famille, composée de son épouse et de cinq demoiselles, reparaît au moment où sa maison tombe au pouvoir de l'ennemi. M. **Deschamps**, notaire, adjoint au maire, après avoir mis en sûreté les minutes de son étude, se réunit à lui et à M. **Jacquemin** et autres citoyens, pour disputer l'honneur, la vie et les intérêts des malheureux habitans d'une ville qui, dans quelques heures, sera entièrement la proie d'une soldatesque furieuse et indisciplinée. La tâche sera dangereuse et difficile !

La seconde barricade de la rue de l'Étape-au-Vin vient d'être enlevée par l'ennemi, que les voltigeurs lui ont fait payer cher ! des monceaux de cadavres

obstruent la rue , quelques uniformes français s'a-
perçoivent parmi les morts...!

...Cent grenadiers et une pièce de canon , accourus
par la rue St.-Epoing, opèrent un terrible balayage
à ce carrefour : à mesure que les étrangers veulent
franchir cette barricade de corps-morts, elle se grossit
de ceux que la mitraille atteint ; mais l'ennemi fait
avancer du canon. Voirol l'a deviné , il consulte sa
montre, ordonne aux troupes qui sont rue de l'Hôtel-
Dieu et rue de la Halle de se replier en échelons
de défense du côté de la Seine ; cet ordre est difficile à exécuter; nos voltigeurs en sont aux mains
avec l'ennemi dans l'intérieur même des maisons de
ces deux rues qui se communiquent : les uns sont
maîtres de la cuisine ; les autres de la boutique...!...

...La rue de l'Ecritoire est le théâtre d'une lutte
affreuse : une famille, composée de deux vieillards,
l'homme et la femme, et de quatre enfans , dont la
plus âgée n'a que douze ans , et dont la mère est
mourante sur un grabat , au fond d'une espèce de
cave sur le derrière où ils se sont tous cachés ; ils
viennent d'être découverts par les féroces alliés ,
qui se ruent de la manière la plus infâme sur ces
malheureux ; le grand-père oppose d'abord une
noble résistance , mais il est bientôt renversé par
terre et foulé aux pieds : des cris lamentables sortent de ce lieu de douleur et frappent l'oreille du

chef de cette famille, occupé à transporter nos
blessés à l'hospice, qui n'est qu'à deux pas : la na-
ture est plus forte que l'humanité, il s'arme d'une
longue bayonnette, et suivi de quelques braves,
il vole au secours des siens, qu'il croyait en sûreté
dans leur cachette, où il pénètre par un couloir
ignoré. Là, tombant avec une juste fureur sur les
brigands, aucun n'échappe au fer vengeur des nôtres, dont plusieurs sont grièvement blessés; mais
je le répète, aucun de ces brutes ne sortit vivant
de ce sanglant séjour. Toute la famille fut enlevée
et mise en sûreté, la malade et le vieillard
succombèrent la nuit suivante aux horribles traitemens qu'ils avaient éprouvé.

L'ennemi afflue de toute parts, plus de vingt
bouches à feu apparaissent ; mais un caisson prenant feu dans la rue de l'Etape-au-Vin, il en résulte
une confusion qui force bon nombre des étrangers
à s'engouffrer dans les rues St.-Epoing, de l'Hôtel-
Dieu et de la Halle, que nos troupes évacuent en
bon ordre par les rues du Collége d'abord, et
qu'elles canardent en passant. Puis par les rues
et ruelles de l'Hôtel-Dieu, Bélin, du Plat-d'étain
et de la Cour-Gallet, et toujours en lâchant sur
l'ennemi, à chaque angle, un feu de peloton ou de
file, selon la largeur du passage.

Je ne puis mieux retracer les malheurs de ce

jour néfaste, qu'en empruntant à l'honorable historien, que j'ai déjà cité, les lignes suivantes :

« M. Hubert, marchand de draps, rue de l'Hôtel-Dieu, avait placé quelqu'argent dans la ceinture de son pantalon ; ces brigands en le fouillant découvrirent cet argent : il veut se défendre ; il succombe sous le nombre et le poids de leurs coups ; leur rage va plus loin, écartelé par eux, il est jeté sur un tas de boue, et abandonné aux plus cruelles souffrances. Heureusement pour lui, qu'en ce moment même on se fusillait dans les rues, et que deux balles, en l'atteignant, vinrent mettre fin à son cruel martyre. Plusieurs personnes furent blessées de la main même de l'étranger, et par suite on vit des enfans, suffoqués de douleur, expirer à la vue des mauvais traitemens éprouvés par les auteurs de leurs jours. Les scélérats ne gardaient aucun ordre ; et lorsqu'ils avaient besoin de ce qu'ils appelaient guides, le premier citoyen qu'ils avaient en rencontre, qu'il connut ou non les localités pour arriver à l'endroit où ils voulaient être conduits, ils lui passaient très-souvent une corde au cou, et comme un animal, ils le faisaient marcher devant eux à grands coups de fouets. »

« Parmi les nombreux traits de férocité qui ont signalé le premier séjour de ces hordes à Nogent, ajoutons à celui exercé sur M. Hubert, celui non

moins atroce, commis par eux sur la malheureuse
dame Geslin, femme respectable, âgée de quatre-
vingts ans et plus. Cette infortunée octogénaire
portait au doigt un anneau dans lequel se trouvait
enchâssé un petit brillant qui excita à un tel point
la cupidité des coquins qui la pillaient, qu'après de
vains efforts pour lui arracher ce faible bijou, qu'elle-
même cependant s'offrait de leur livrer, ils eurent
la cruauté de lui couper le doigt. Le lendemain, la
douleur et l'effet que cette barbare action lui fit
éprouver, la conduisirent à la tombe. Nous ne pré-
sentons qu'une esquisse bien faible des mille et une
cruautés exercées dans Nogent et ses environs par
ces nouveaux vandales ; nous n'exagérons rien, et
nous pourrions, au contraire, remplir nombre de
pages si nous voulions les citer toutes.

Le beau sexe ne fut pas plus heureux à Nogent
que partout où les satellites des rois ligués contre la
France portèrent leurs pas, et certainement on ne
serait pas peu surpris si nous parlions différemment ;
mais hélas ! cette faculté ne nous est pas permise.
Il est peu de communes qui, à ce sujet, aient plus à
se plaindre que Nogent, où grand nombre de filles
et de femmes éprouvèrent les plus outrageans comme
les plus affreux traitemens. La pudeur et le respect
que nous devons à la morale, et surtout au jeune âge,
nous imposent silence et nous ordonnent de n'en

piter aucun exemple. L'âme en serait en effet saisie d'effroi......... »

Je reviens à la position respective des combattans, qui présente une mêlée des plus terribles.

Trois heures viennent de sonner ; c'est à cinq que le pont doit sauter : c'est bien peu de temps pour enlever les vieillards, les malades et surtout ces blessés qui défendent jusqu'à la dernière extrémité une petite ville sans défense qui, par son patriotisme, l'énergie du chef et le petit nombre de braves qu'il commande, arrêtent une armée formidable pendant deux jours! Si toutes les populations de la France eussent adopté cette noble conduite, jamais les étrangers n'eussent planté leurs tentes dans la capitale du monde civilisé. A bon entendeur, salut !.....

Si le temps est court pour ceux qui sortent, il est mortellement long pour ceux qui restent, et surtout pour ces intrépides soldats qui luttent avec tant de courage depuis le matin sans avoir pu prendre la moindre nourriture ; ils tiendront jusqu'à l'heure prescrite, c'est l'ordre de l'Empereur, c'est pour le salut de son armée, ce pourrait être celui de la France...!

L'ennemi s'avance en masses dans la rue de l'Hôtel-Dieu, mais deux pièces de canon chargées à mitraille au Grand-Puits, sont démasquées par les voltigeurs et arrêtent sa marche assez de temps pour que les sections s'échelonnent rue des Ponts et Grande-rue St.-Laurent, et soutiennent la retraite par des feux obliques. C'est dans ce moment que le brave chef de bataillon Vesco, aujourd'hui colonel de gendarmerie à Dijon, reçut une balle qui lui cassa le bras ; il n'en continua pas moins de rester ferme à son poste.

L'ennemi avait établi des batteries de gros calibre pour foudroyer le pont, mais heureusement la plus part de ses boulets portaient à faux et tombaient dans le fleuve. Toute la Pêcherie environnant le pont était encore vierge de toute souillure étrangère, et il faut le dire à la louange de ce quartier laborieux, s'il fut envahi le dernier, il fut le premier à donner l'exemple pour harceler l'ennemi, qui se porte en grand nombre et avec fureur sur le pavillon Tiphaine, qu'il suppose encore garni de troupes. C'est ici, qu'un citoyen, M. Tiphaine père, donna la mesure de son patriotisme et de son courage.

Lorsque les Français eurent protégé le départ de toutes les personnes qui voulurent passer le pont, le colonel Voirol fit prévenir les chefs d'habitations du voisinage, pour la dernière fois, que le feu serait mis à la mine dans quarante minutes.

Nos troupes commencèrent à traverser le fleuve,

non sans empêcher l'ennemi d'inquiéter leur retraite.

Je l'ai dit plusieurs fois, les brutes du nord voulaient tirer une vengeance cruelle sur les troupes qui s'étaient renfermées dans le *fort* (le pavillon Tiphaine). Nos braves étaient encore maîtres de la rue du Lyon-d'Or et de toutes les avenues du Pont jusqu'à la Pêcherie, qu'il fallait protéger la dernière, car c'est par là que l'ennemi pourrait empêcher l'évacuation par le pont, et lui-même y passer pour suivre nos troupes.

Nous savons que M. Tiphaine père a obtenu du chef 10 fusils et 500 cartouches, il les a joints à d'autres munitions qu'il avait en réserve ; aidé de quelques amis et de son épouse qui, dans cette circonstance, comme en mille autres, vint confirmer combien les femmes sont animées de sentimens patriotiques, ils élevèrent contre le mur, de chaque côté de la grande porte qui fait face au bout de la rue du Château, un échafaudage écarté qui les mit à même de poser le bout de leurs armes dans des trous faits exprès, et de cette manière ils usèrent leurs cartouches avec une admirable adresse sur un ennemi compacte, qui criblait le mur et la grande porte, sans pouvoir atteindre un seul des dix courageux citoyens à la tête desquels étaient les propriétaires de cette habitation, que les assaillans juraient de réduire en poudre....

La rue aux Juifs et le commencement de celle du Château sont jonchés de morts, ces pertes redoublent la fureur des étrangers qui se précipitent aux pieds des murs et de la grande porte, car le feu de la défense a cessé : l'ennemi en profite pour escalader une muraille de 10 pieds de hauteur sur 15 pouces d'épaisseur. Comme il n'aperçoit personne, il craint que les Français ne lui aient tendu quelque piége, il débarricade la grande porte, qui ressemble encore aujourd'hui à une crible, traverse en tremblant le jardin, et tire sur le pavillon, personne ne riposte. Les plus hardis y entrent, pas une arme n'a été oubliée ; rien, absolument rien ne se présente à la capture ni sous les coups de ces infâmes coalisés, qui ne savent que penser de l'isolement et du désarmement subit d'un lieu qui les a foudroyés et les décimait encore il y a quelques minutes.

Pendant ce temps, l'arrière-garde de nos troupes est sur le pont et fait une dernière décharge sur l'ennemi, qui s'avance à mesure que les nôtres s'éloignent.

Cinq heures frappent à St.-Laurent, une effrayante détonnation se fait entendre, des pierres, des débris et des corps humains volent dans les airs, c'est le pont qui vient de sauter et de s'abîmer dans la Seine ; les cadavres qu'on remarque dans les décombres appartiennent à l'ennemi , un seul uniforme français s'aperçoit dans cet horrible charnier , c'est celui d'un jeune fourrier, qui venait d'échapper à l'incendie qui dévorait en ce moment l'ambulance des blessés.

Le lecteur est impatient de connaître comment les époux Tiphaine et les autres personnes qui les secondaient si vaillamment, ont pu se dérober à la férocité du vainqueur. Voilà le fait :

Lorsque les munitions tiraient à leur fin , M. Tiphaine fit partir sa femme avec ses amis , qui passèrent par une petite porte qui existe encore et descend dans la Pêcherie , en emportant leurs armes , et dès que ses derniers coups furent tirés, il partit lui-même de la même manière, et les eut bientôt rejoints de l'autre côté du pont, qui fit explosion peu de minutes après.

L'ennemi est donc maître de toute la rive gauche du fleuve , c'est-à-dire de plus des trois quarts de la ville. C'est ici le cas de relever une erreur commise par M. Pougiat, qui dit dans son ouvrage , page 374 : « A peine les derniers Français avaient-» ils franchi le pont , que l'ennemi , sans observer » le danger auquel il expose les siens , ordonna de » le traverser, et d'entrer de suite dans la ville. »

Il suffit de lire tout ce qui précède et de connaître la position géographique de Nogent , pour se convaincre que l'ennemi était *entré* en ville depuis le matin, et que nos soldats lui disputaient le terrain pied à pied.

Avant que de prendre la moindre nourriture, nos troupes voulurent saluer les étrangers de plusieurs salves d'artillerie. L'ennemi, qui bordait la rivière dans toute l'étendue du territoire, s'était porté avec plus d'affluence sur la promenade et sur le quai du petit St.-Laurent. Nos six pièces de canon, placées en face, lui firent des adieux qui durèrent un quart-d'heure, et l'eurent bientôt refoulé dans les rues adjacentes pour amener son artillerie ; mais il était trop tard, les nôtres avaient disparu avec le jour, et allaient faire halte au Mériot.

Il est une chose digne de ramarque, c'est que la lenteur de nos ennemis à prendre position, et leur ardeur brutale du pillage, ont souvent compromis les avantages que le grand nombre leur donnait naturellement sur une poignée de conscrits ; mais ceux-ci combattaient pour la patrie envahie….!

Il faudrait une autre plume que la mienne pour retracer les lâches fureurs des brigands du nord, dans la nuit affreuse qui suivit le départ de nos vaillans soldats.

Qu'il me suffise de dire que toutes les horreurs d'une ville prise d'assaut au moyen âge se renouvelèrent dans notre petite cité. Le pillage, l'assas-

sinat , le viol et l'incendie marchaient de front ; les
cris , la douleur et le désespoir , rien ne put arrêter cette infâme destruction. Le jour même vint
éclairer ces scènes d'atrocité , que je vais laisser
raconter à l'auteur qui m'a si souvent éclairé dans
le récit de nos malheurs :

« Ce serait à tort , ce serait vouloir s'abuser
volontairement que de rejeter cette foule innombra-
ble de crimes , jusque-là inconnus dans l'histoire
des nations modernes , sur quelques fuyards , sur
quelques traînards, quand il est plus qu'avéré que
les généraux et les princes du rang le plus élevé ,
comme déjà on n'a eu que trop lieu de s'en convaincre dans le cours de cet ouvrage, s'y abandonnaient
eux-mêmes dans les maisons où ils étaient logés, et
surtout dans les châteaux ; car, et nous ne craignons
pas de le répéter , puisque c'est l'espression de la
plus exacte vérité, après avoir , dans ces maisons ,
épuisé , par leurs prodigalités et leur amour de la
destruction, toutes les provisions qui s'y trouvaient,
ils s'emparaient ouvertement de tous les effets à
leur convenance, faisant charger sur leurs voitures
draps , couvertures , couvre-pieds , édredons ,
rideaux, de lit et de croisée, lits, matelas, linge de
tout genre, garde-robe, pendules, argenterie, glaces,
tableaux de prix, et même jusqu'aux ouvrages et
instrumens des sciences qu'ils rencontraient dans

certains cabinets, dans certaines bibliothèques. Ce fut aussi par ordre des généraux alliés que les objets destinés à l'approvisionnement de Paris, et particulièrement, le charbon, furent brûlés ou coulés à fond, pendant qu'ils se rendaient à leur destination. Ce fut aussi par leurs ordres, qu'après avoir fait mettre le feu à plusieurs bateaux chargés de différens comestibles qui se trouvaient alors en chargement dans le bassin, ou prêts à partir, ils en abandonnèrent une grande partie au gré du courant, dans l'intention, avouée par eux, de réduire en cendres les bords de la Seine, s'il eût été possible, le vent secondant leurs criminelles intentions. C'était en présence et sous les yeux mêmes des généraux supérieurs et des princes, chefs de la coalition ; de Barclay de Tolly, du roi de Prusse et d'Alexandre; de cet Alexandre, dont depuis on s'est plu tant à vanter la modération, l'humanité, la justice, enfin le désintéressement et la générosité, que le pillage avait lieu ; et les uns et les autres, loin de prendre des mesures pour l'arrêter, en restaient au contraire tranquilles spectateurs.

Toutefois, fidèle au plan adopté par eux, le fameux Barclay de Tolly, fit, et pour la forme seulement, publier un avis par lequel il invitait le soldat, sous les peines les plus sévères, de s'abstenir de tout pillage. C'était recourir à l'eau lorsque tout était consumé. Mais le soldat connaissait trop bien la valeur , et à la fois quelle était l'interprétation a donner à toutes ces défenses simulées : aussi le pillage ne fut-il pas un instant interrompu. Et à la vérité , de quelle utilité pouvait être cet ordre , lorsque toutes les maisons avaient subi six et huit fois le pillage ; que les moulins étaient réduits en cendres ; que les grains, farines et autres provisions qui s'y trouvaient, ainsi que dans les autres maisons échappées à l'incendie, avaient été par leurs ordres et par leurs soldats , ou jetés dans la Seine , ou méchamment répandus sur les fumiers ? Que pouvait-il rester ? Que prétendait-on sauver avec cette ironique défense? sinon des débris de meubles, des chiffons en lambeaux, souillés de boue et d'ordures. Aussi cet ordre émané de la part des souverains , publié sous le seing et au nom de Barclay de Tolly, fut-il méprisé du soldat et considéré par l'habitant, ainsi qu'il l'est encore aujourd'hui même , comme un acte dérisoire, une insulte au malheur ; et le trait suivant le prouve.

Ce n'était pas assez, pour le bon plaisir des chefs de l'infernale coalition , d'avoir réduit en cendres partie de Nogent, de l'avoir abandonné à un pillage perpétuel, d'y avoir frappé d'énormes contributions en écus et en denrées de toutes espèces, d'avoir exercé sur ses infortunés habitans, et particulièrement sur le sexe, tout ce que la scélératesse, le brigandage et la passion la plus brutale, la plus honteuse, ont de plus révoltant, il fallait encore, pour satisfaire à la haine des dieux infâmes de l'exé e able sainte-alliance, tenter de l'anéantir en entier leur offrir, s'il était possible, en holocauste digne de leur éminentissime majesté, l'agréable parfum pour eux l'agréable fumée du reste de ses habitations. Ainsi, comme à Troyes, sous le brigand d'Hœrtel et autres, tandis qu'on couvrait les murs de la ville de belles proclamations, on se livrait, on commettait, on encourageait, on commandait les excès les plus révoltans.

Le 20 février, lorsqu'ils apprirent les résultats de la bataille de Montereau, ils ne firent plus entendre ce cri de *Paris, Paris*, objet de tous leurs désirs, car il paraît que pour leur donner du courage leurs chefs leur avaient promis le pillage de la capitale de notre belle France. Ils étaient saisis de terreur et s'attendaient à évacuer le territoire.

La veille, plusieurs cosaques avaient été pour piller une pauvre chaumière sur les bords de la Seine; mais ils y trouvèrent une vive résistance, et l'après-midi, on vit passer flottant sur la rivière un groupe de soldats étrangers attachés ensemble, une grande perche était fixée sur eux comme un mât, avec une planche en travers sur laquelle on

sait en gros caractères ces mots significatifs :
*issez passer ces messieurs, ils vont droit à
aris.*

Quelques heures avant la rentrée de l'armée
ançaise, le général commandant l'arrière-garde
nnemie envoya un détachement avec ordre de
ettre le feu au reste de cette malheureuse ville.
et ordre barbare fut exécuté ; et si Nogent ne fut
as alors totalement réduit en cendres, il ne doit sa
onservation qu'aux efforts, qu'aux soins multipliés
es habitans présens, qui, malgré tout ce que put
ire l'étranger, luttèrent contre lui et arrêtèrent
incendie ; mais ils ne purent empêcher qu'une
rme considérable ne fût entièrement la proie des
ammes.

Ce même général se présenta chez M. Jacquemin,
là, accompagné de plusieurs officiers, le pistolet
u poing, il somma cet honorable fonctionnaire de
ui trouver 50,000 fr. dans une heure. Le magis-
rat allégua la pénurie de la ville, le russe insista,
et accorda pour tout quartier qu'on lui donnerait
20,000 fr. espèces et un bon de 30,000 fr. sous-
rit par les plus notables citoyens, à dix jours d'é-
héance. La discussion était vive, les plus terribles
enaces furent proférées; elles n'intimidèrent point
. Jacquemin, qui osa demander au chef ennemi ses
ouvoirs, celui-ci n'en avait point et fléchit.

Peu d'instans après quelques soldats français parurent sur les routes de **Provins** et de **Bray** ; il est impossible de raconter la panique de ces lâches étrangers qui avaient montré tant de cruauté. Ils fuyaient de toutes parts ; mais emportant tout ce qu'ils pouvaient.

Un menuisier de la rue du **Lion-d'Or**, nommé **Cadet Saint**, homme aussi patriote qu'énergique, qui avait fait une rude guerre à l'ennemi pendant tout le tems qu'avait duré le combat, aperçut une pauvre mère de famille qui disputait aux voleurs quelques lambeaux qui couvraient ses enfans, elle était désespérée ; ils étaient six après elle...... Démancher un balai, s'élancer sur les brigands et les disperser à coups de bâton, fut l'affaire d'un moment, et cela s'exécutait sur des hommes armés et en présence d'autres qui n'osèrent lever leurs armes sur ce courageux citoyen.

L'officier général, qui avait montré tant d'insolence chez M. **Jacquemin**, lui adressait de plattes excuses, et toutes ses bassesses, parce que **Napoléon** leur avait donné une dure leçon à **Montéreau**. La trahison n'avait pas encore montré à découvert sa hideuse intervention.

Nos troupes avaient beau forcer la marche pour tâcher de joindre l'ennemi, celui-ci fuyait le sol à toutes jambes, malgré qu'il fut toujours supérieur en nombre. La présence de Napoléon, dont il venait d'éprouver l'écrâsant contact, le terrifiait. Il avait besoin de rencontrer les bandes de Blucher, de Wintzingerode et de Platow pour ranimer son courage. Il les trouva à Méry et à Arcis, où ils pillaient et incendiaient.

L'empereur n'avait que 25,000 hommes à opposer aux 130 mille du généralissime Schwartzembert : c'est égal, il accepta la bataille que lui livra l'ennemi les 20 et 21 mars devant Arcis. Jamais l'armée française et son illustre chef ne déployèrent plus de valeur; mais la coupable inaction de Marmont nécessita la retraite des nôtres sur Vitry. La route de Paris par Nogent fut donc tout-à-fait libre aux étrangers, ils s'y ruèrent en masses. Notre petite cité fut encore envahie par ces hordes sauvages ; elle ne s'opposa point à leur passage, la moitié des habitans avait fui ses maisons incendiées, l'autre était courbée sous la misère. L'armée ennemie traversa Nogent pendant plusieurs jours. On sait le reste.

En 1818, lorsque je vins me fixer en cette ville, elle offrait encore le sinistre tableau de ses malheurs. Aujourd'hui tout est effacé, elle est plus florissante que jamais, et le souvenir de sa belle défense est toujours le sujet des entretiens des pères avec leurs enfans, ils leurs inculquent dans le cœur ce noble devoir de défendre leurs foyers ; en ajoutant que si tous les Français en eussent fait autant, ils n'eussent pas subi le joug étranger.

Parmi les honorables citoyens que j'ai cités, messieurs Delaunay, Jacquemin et Tiphaine sont descendus dans la tombe il y a plusieurs années.

LEMAITRE.